SIMONE CASADEI

BANCHE E IMPRESA

Come Migliorare il Rapporto tra la Tua Azienda e le Banche anche in Tempi di Crisi

Titolo

"BANCHE E IMPRESA"

Autore

Simone Casadei

Editore

Bruno Editore

Sito internet

http://www.brunoeditore.it

Sommario

Introduzione   pag. 5

Capitolo 1: Come ragionano le banche   pag. 8

Capitolo 2: Come comunicare meglio con la banca   pag. 21

Capitolo 3: Come aumentare gli affidamenti   pag. 33

Capitolo 4: Come scegliere tra i finanziamenti bancari   pag. 45

Conclusione   pag. 57

Introduzione

Quello tra imprese e banche è, da sempre, un rapporto conflittuale. Questo per almeno due motivi: il primo è che tra aziende e istituti di credito intercorre una relazione di tipo cliente verso fornitore, ciascuno dei quali persegue propri obiettivi commerciali non sempre compatibili tra loro e spesso in opposizione; il secondo motivo è che le banche sono, per le aziende, un fornitore "potente", le cui scelte possono segnare il successo (o l'insuccesso) di alcuni progetti imprenditoriali.

In determinati momenti economici, poi, questo rapporto si fa ancora più ostile. È il caso, ad esempio, della crisi che stiamo vivendo attualmente e che si sta manifestando anche in un'evidente stretta creditizia, cioè una sempre maggiore difficoltà, per le aziende, ad accedere al finanziamento bancario.

Se tutto questo è vero, è altrettanto pacifico che il rapporto tra aziende e mondo del credito può essere sempre migliorato, favorendo un "ingresso" della banca all'interno della propria azienda. Devi, in altre parole, studiare a tavolino una vera e propria strategia per migliorare la comunicazione con gli istituti di credito con i quali hai rapporti. Non è più il tempo in cui è sufficiente affidarsi alla conoscenza con il titolare dell'agenzia oppure al fatto che la tua azienda "da sempre" ha rapporti con una data banca.

Se entrare in banca, oggi, ti fa sentire come un militare impegnato in uno scenario di guerra, allora devi elaborare una strategia d'attacco. Come? Studiando il nemico, conoscendone le regole e le dinamiche di funzionamento, definendo un piano d'azione e impegnando ogni tua risorsa per uscirne vincitore.

Ecco: a parte la metafora piuttosto violenta (ma, in alcuni casi, non molto lontana dalla realtà, purtroppo), le indicazioni che seguono vogliono essere il tuo "manuale di guerra" per combattere, e vincere, le grandi e piccole battaglie contro gli istituti di credito, gli Accordi di Basilea, l'odiato *rating*, le difficoltà ad ampliare (o mantenere) gli affidamenti concessi ecc.

Tutti i suggerimenti che ho sintetizzato in questo corso partono da un presupposto: se vuoi che le cose con la tua banca cambino, per prima cosa devi modificare te stesso. Non puoi aspettare che la banca muti, né è legittimo attendersi che qualcuno modifichi le regole del gioco.

Assumi un ruolo da protagonista, aumenta la tua conoscenza e gioca questa partita come un atleta che non solo vuole partecipare, ma aspira anche a vincere.

CAPITOLO 1:
Come ragionano le banche

Quando in questo corso parliamo di banche, ci riferiamo alle cosiddette "banche commerciali universali", cioè quelle autorizzate a svolgere tutti i tipi di operazioni finanziarie, sia quelle proprie commerciali (cioè, in estrema sintesi, la raccolta di risparmi e la concessione di prestiti) sia quelle riguardanti l'assunzione di partecipazioni industriali. Sicuramente tutte le banche con le quali hai rapporti sono "commerciali universali".

In Italia, gli istituti di credito di tale tipo possono essere raggruppati in quattro categorie:

1. i *big five*, cioè i gruppi bancari di più grandi dimensioni (sono Unicredit, Intesa Sanpaolo, MPS, UBI e Banco Popolare);
2. le banche di medie dimensioni, che hanno sportelli su buona parte del territorio nazionale;
3. le banche di medie-piccole dimensioni, che hanno sportelli all'interno di una singola regione o di un ristretto gruppo di

regioni confinanti;

4. le banche di piccole dimensioni e locali, che hanno sportelli su un'area geografica piuttosto ristretta e sono tipicamente di credito cooperativo.

Indipendentemente dalla dimensione della banca, questa suddivide ciascun cliente titolare di una partita IVA sulla base della sua dimensione, attraverso un processo che è chiamato "segmentazione":

1. il primo segmento è lo *small business*, di norma costituito da liberi professionisti e aziende con fatturato annuo inferiore a 2,5 milioni di euro;

2. il secondo segmento è quello delle imprese, costituito di norma da aziende con fatturato superiore a 2,5 milioni di euro e inferiore a 50 milioni di euro;

3. il terzo e ultimo segmento è quello delle *corporate*, solitamente costituito da aziende con fatturato superiore a 50 milioni di euro.

Tieni presente che i criteri qualitativi attraverso cui si giunge alla segmentazione possono variare da banca a banca, ma si rifanno comunque a una filosofia simile a quella qui sopra descritta.

All'interno della filiale, i clienti di ciascun segmento sono seguiti da un gestore, una figura di raccordo tra loro e il titolare dell'agenzia. I direttori di filiale che operano nello stesso territorio rispondono al proprio capo area.

Nel passaggio da gestore a direttore di filiale a capo area, aumenta la delega creditizia, di cui parleremo dettagliatamente tra poco.

Sui giornali e in televisione, e più ancora all'interno delle banche con cui hai rapporti, avrai senza dubbio sentito parlare degli Accordi di Basilea. Sebbene non sia possibile, in questa sede, entrare troppo nel dettaglio di tali Accordi, visto l'impatto che essi hanno avuto nel rapporto tra imprese e istituto di credito, l'argomento merita di essere presentato almeno nelle sue linee essenziali.

Gli Accordi di Basilea sono delle linee guida in materia di requisiti patrimoniali delle banche, redatte dal Comitato di Basilea, cui partecipano gli organismi regolatori dei Paesi del G10 e quelli del Lussemburgo. Scopo degli Accordi è di perseguire la stabilità monetaria e finanziaria nell'area euro, attraverso una maggiore solidità patrimoniale delle banche, una grande attenzione al rischio e una serie di innovazioni nel settore creditizio.

Ad oggi, sono stati siglati tre Accordi. Il primo (detto "Accordo sul capitale minimo delle banche") è entrato in vigore nel 1988 ma è stato superato dal secondo (il "Nuovo accordo sui requisiti minimi di capitale"), entrato in vigore nel 2007 e tuttora vigente.

Basilea II impone alle banche che per ciascuna operazione di prestito sia fatta corrispondere una quota di capitale regolamentare da detenere a scopo precauzionale. Questo capitale (detto "di vigilanza") è dato dal rapporto tra il capitale della banca e l'ammontare dei prestiti concessi, ponderato per un fattore di rischio e non è investibile in attività creditizia tipica, né in attività para-assicurative, né tantomeno in operazioni finanziarie sui mercati mobiliari. Si tratta, in altre parole, di una "riserva" che la banca deve accantonare a tutela del suo patrimonio e, per converso, dei suoi correntisti e dei suoi azionisti.

Dunque, l'ammontare dei finanziamenti concessi deve essere ponderato per un fattore di rischio. Questo fattore è costituito, secondo Basilea II, da tre ordini di possibili eventi negativi:

1. i rischi di credito, legati alla possibilità che il prenditore (il destinatario del finanziamento) non rimborsi alla banca il capitale ricevuto o gli interessi dovuti;

2. i rischi di mercato, legati alla possibilità che la banca subisca perdite dalla negoziazione di strumenti finanziari;

3. i rischi operativi, quelli derivanti dall'ordinaria attività della banca, legati alle ipotesi di frode, all'insorgenza di cause di lavoro intentate dai dipendenti dell'istituto, alle avarie tecniche e così via.

Un esempio aiuterà a chiarire questo meccanismo. Supponiamo che la banca conceda a un'impresa un prestito per 100.000 euro. Supponiamo, ancora, che la ponderazione tra rischi di credito, di mercato e operativi per quell'operazione porti a un rischio del 12 per cento. In questa ipotesi, la banca dovrà garantire un patrimonio di vigilanza pari a 12.000 euro (il 12 per cento di 100.000 euro), che non potrà utilizzare per le sue attività tipiche.

SEGRETO n. 1: il Secondo accordo di Basilea impone alle banche che per ciascuna operazione di prestito sia garantita una quota di capitale di vigilanza, ottenuta ponderando l'importo concesso per tre elementi di rischio legati al credito, al mercato e all'operatività della banca.

Come fa la banca a calcolare il rischio di credito? Basilea II ha risposto, in maniera quasi scientifica e sicuramente strutturata, a questo quesito introducendo l'utilizzo del famoso *rating*, di cui senz'altro hai più e più volte sentito parlare.

Il *rating* è il risultato di una serie di procedure di analisi e di calcolo, attraverso il quale la banca:

- calcola la probabilità di *default*, cioè il rischio che la somma eventualmente concessa e gli interessi dovuti non siano rimborsati come concordato;
- raccoglie nuove informazioni sulla capacità del prenditore di generare reddito futuro.

Per assegnare il *rating* ai suoi clienti, la banca ricorre a tre tipologie di informazioni.

Anzitutto analizza i dati di bilancio: controlla la struttura patrimoniale dell'azienda cliente, la sua redditività e l'andamento dei suoi indici di bilancio, anche confrontando i bilanci del cliente con quelli di altre aziende che operano nello stesso mercato (se vuoi approfondire quest'argomento, ti consiglio la lettura di *Analisi di Bilancio Semplice*, di Stefano Martemucci, pubblicato da Bruno Editore).

Inoltre, la banca fa ricorso alle cosiddette "informazioni andamentali": queste riguardano la movimentazione ordinaria del conto corrente, la regolarità nel ciclo degli incassi e dei pagamenti, le segnalazioni delle centrali rischi e altri fenomeni a breve termine.

Infine, l'istituto di credito raccoglie informazioni qualitative attraverso un questionario somministrato in maniera più o meno formale all'azienda cliente e registrando i dati che essa gli trasmette volontariamente.

Al termine di questa procedura di analisi, la banca attribuisce al cliente il *rating*, cioè un giudizio sintetizzato in un codice (ad esempio, da 1 a 9, oppure da A a D ecc.).

Tieni presente che ogni banca ha elaborato il proprio modello di *rating*, stabilendo tra l'altro quale peso attribuire a ciascuna categoria di informazioni utilizzata per l'elaborazione. Sebbene tutti i modelli siano stati validati dalla Banca d'Italia, non è infrequente che la stessa azienda possa ricevere giudizi diversi da istituti di credito diversi.

SEGRETO n. 2: per calcolare il rischio di credito, Basilea II ha introdotto il sistema del *rating*, attraverso il quale è attribuito a ciascun cliente un giudizio sintetico sul suo rischio di *default* e sulla sua capacità futura di generare reddito.

Basilea II è stato integrato e rafforzato nelle dinamiche in cui, negli ultimi anni, ha evidenziato le maggiori criticità e le debolezze più pericolose: Basilea III ("Riforme del Comitato di Basilea per la vigilanza bancaria") è, quindi, una sorta di *upgrade* del suo precedente e, al momento, pare che entrerà in vigore solo nel 2019.

Un'ultima, ma importante, nota sugli Accordi di Basilea: l'introduzione di Basilea ha reso sempre più necessario elaborare *business plan*, analizzare gli indicatori di produttività e i flussi finanziari, che in alcuni casi hanno reso più difficile la gestione del rapporto con la banca. Non puoi dimenticare, tuttavia, che questi strumenti di analisi economica sono indispensabili per te e per la tua azienda più di quanto non lo siano per la tua banca. Sono dei sistemi per "pensare" le tue scelte aziendali e, nel caso, per metterle in discussione. Non puoi giocare a scherma con gli occhi bendati! Analizzare i tuoi dati è il primo passo per garantirti buone performance aziendali.

SEGRETO n. 3: gli strumenti di analisi economico-finanziaria che si sono resi necessari dall'entrata in vigore del Secondo accordo di Basilea servono, più ancora che alle banche, a te e alla tua impresa, per orientare in maniera consapevole le scelte strategiche che devi prendere ogni giorno.

A questo punto, vediamo come funziona il sistema premiante e com'è strutturata la politica commerciale della banca, perché si tratta di aspetti che è importante tu conosca per comprendere le dinamiche interne degli istituti di credito.

In passato, il sistema premiante era basato sui soli volumi di erogato. In altre parole, gli incentivi al personale bancario erano riconosciuti solo sulla base delle somme complessivamente concesse in prestito alla clientela. È chiaro che un sistema di questo tipo favoriva ampie concessioni di credito, a tanti clienti e per importi tendenzialmente elevati. In seguito, il sistema premiante è stato basato sui margini lordi prodotti, cioè sul lucro ottenuto dalla banca dagli affidamenti concessi.

Oggi, il sistema incentivante è basato sui margini pesati sul rischio. Esso premia, quindi, i prestiti concessi a tassi d'interesse piuttosto elevati a favore di clienti con rischio basso (cioè con un buon *rating*).

SEGRETO n. 4: il sistema premiante della banca, oggi, è basato sui margini prodotti pesati per il rischio che la banca si assume concedendo un prestito. Solo le aziende che hanno un buon *rating*, quindi, possono puntare a ottenere finanziamenti a costi modesti.

I cambi registrati nel sistema premiante della banca si sono tradotti anche in una diversa politica commerciale.

Facendo ricorso a tutta la capacità di sintesi di cui dispongo, oggi la banca distingue, commercialmente, i propri clienti in tre macro-categorie:

1. la prima è costituita da clienti che hanno un buon *rating* e prospettive interessanti; questi, chiaramente, vedono rispondere alle proprie richieste con un semaforo verde;
2. la seconda è costituita da clienti che hanno un *rating* medio;
3. la terza e ultima macro-categoria è costituita da clienti con un *rating* basso, la cui possibilità di accedere al credito è assai bassa.

SEGRETO n. 5: anche la politica commerciale delle banche è oggi basata sul sistema dei *rating*. Solo le aziende che ne hanno uno buono accedono con facilità al credito.

Il *rating* ha anche effetto sulla delega creditizia, cui ho fatto cenno all'inizio di questo capitolo. Con essa ci si riferisce al potere decisionale concesso a ciascun livello della scala gerarchica bancaria in ordine alle concessioni di prestiti e affidamenti ai clienti. In questo senso, il direttore di filiale (o il capo area) avrà delega decisionale sulle richieste presentate da aziende con *rating* buono. Le pratiche istruite per aziende con *rating* medio-basso, invece, dovranno essere approvate dal capo area (o dalla direzione crediti), con conseguente aumento del tempo di risposta e, con buona probabilità, con un certo "scollamento" tra azienda cliente e banca.

RIEPILOGO DEL CAPITOLO 1:

- SEGRETO n. 1: Il Secondo accordo di Basilea impone alle banche che per ciascuna operazione di prestito sia garantita una quota di capitale di vigilanza, ottenuta ponderando l'importo concesso per tre elementi di rischio legati al credito, al mercato e all'operatività della banca.

- SEGRETO n. 2: Per calcolare il rischio di credito, Basilea II ha introdotto il sistema del *rating*, attraverso il quale è attribuito a ciascun cliente un giudizio sintetico sul suo rischio di *default* e sulla sua capacità futura di generare reddito.

- SEGRETO n. 4: Il sistema premiante della banca, oggi, è basato sui margini prodotti pesati per il rischio che la banca si assume concedendo un prestito. Solo le aziende che hanno un buon *rating*, quindi, possono puntare a ottenere finanziamenti a costi modesti.

- SEGRETO n. 5: Anche la politica commerciale delle banche è oggi basata sul sistema dei *rating*. Solo le aziende che ne hanno uno buono accedono con facilità al credito.

CAPITOLO 2:

Come comunicare meglio con la banca

Nel corso del capitolo precedente, hai iniziato ad acquisire qualche elemento per comprendere le logiche e le dinamiche che regolano la vita della banca oggi. Adesso, invece, vorrei presentarti alcune indicazioni per migliorare, a tuo vantaggio ma anche a vantaggio della banca, questo rapporto.

A meno che la tua impresa non lavori soltanto con capitale proprio, almeno una volta l'anno la tua banca ti chiederà il bilancio d'esercizio. Il bilancio serve all'istituto di credito per il rinnovo dei tuoi affidamenti: in sostanza, i dati esposti sono elaborati dagli analisti interni ed è riesaminata una porzione del tuo *rating*, quella che riguarda le informazioni quantitative che, appunto, si desumono attraverso indici e margini dal bilancio.

Come sai, per le società di capitali il bilancio è costituito da tre documenti distinti, ma strettamente collegati tra loro:

- lo stato patrimoniale, che definisce la situazione patrimoniale (relativa, cioè, agli attivi e ai passivi aziendali);
- il conto economico, che contrappone i costi e i ricavi e illustra il risultato economico della gestione;
- la nota integrativa, che completa i dati dei prospetti contabili (cioè dello stato patrimoniale e del conto economico), fornendo ulteriori informazioni, e motiva determinati comportamenti che hanno portato ai dati quantitativi esposti negli altri documenti.

Si aggiunge, poi, la relazione sulla gestione, che fornisce informazioni sull'andamento e sulla situazione della società.

Molto spesso, specie nelle piccole e medie imprese, la compilazione di tutti questi documenti è delegata al commercialista. Ma se è vero che buona parte delle informazioni che confluiscono nel bilancio discende direttamente dalla tua contabilità e quindi è gestita proprio dal tuo fiscalista, è altrettanto vero che anche tu puoi – e in alcuni casi devi – contribuire alla redazione del bilancio.

Vorrei soffermarmi, in particolare, sulla nota integrativa. La domanda che voglio farti è: nella tua, ci sono tutte quelle informazioni che renderebbero più agile e attenta la riclassificazione del tuo bilancio e il giudizio complessivo sulla tua impresa? Ci sono commenti sulla tua strategia aziendale e sui risultati positivi che hai ottenuto? Sono dettagliate le caratteristiche dei debiti e dei crediti esposti nello stato patrimoniale?

Il punto è che compilare una completa ed esaustiva nota integrativa è un ottimo modo per raggiungere almeno due risultati:

1. rendere più agevole il lavoro degli analisti, che in questo modo possono ottenere informazioni importanti per la riclassificazione del bilancio, evitando così il rischio che facciano supposizioni sbagliate o, nella migliore delle ipotesi, che l'analisi del tuo bilancio sia rallentata da richieste di informazioni da parte della banca;

2. fornire informazioni di carattere qualitativo che, come abbiamo visto, influiscono sul tuo *rating*, la cui importanza strategica è stata esposta in precedenza.

Nella stesura della nota integrativa, rimboccati le maniche e integra le informazioni obbligatorie inserite dal tuo commercialista. Parla della tua strategia aziendale; della qualità degli investimenti che hai fatto in tecnologia, in capitale intellettuale e in attività di ricerca e sviluppo; delle caratteristiche del tuo portafoglio clienti e dei canali commerciali che stai utilizzando; degli aspetti organizzativi della tua impresa; delle tecniche di controllo di gestione che hai deciso di adottare ecc. Questo è uno sforzo che, ti assicuro, è capace di produrre risultati inattesi ai più.

SEGRETO n. 6: cura i contenuti qualitativi della nota integrativa al tuo bilancio d'esercizio. Renderai più agevole la sua analisi e fornirai informazioni utili per il miglioramento del tuo *rating*.

Un altro consiglio è di invitare i tuoi gestori in azienda. Consenti loro di vedere i tuoi spazi, di conoscere i tuoi collaboratori, di apprezzare l'attaccamento che hai verso i tuoi prodotti e i tuoi servizi. Non si tratta di una mera attività di "pubbliche relazioni": il giudizio che la banca dà sulla tua azienda dipende anche da quelle caratteristiche che non possono essere desunte solo dall'analisi di bilancio.

Trasmetti periodicamente alla tua banca informazioni che non siano soltanto di carattere economico-finanziario: Sei stato protagonista di un'azione di successo? Hai sponsorizzato una squadra sportiva? Hai inserito persone nuove in ruoli chiave della tua azienda? Hai avuto modo di compiere gesti di solidarietà e filantropia? Fornisci queste informazioni complementari al tuo istituto di credito. Anche se non ne avrai riscontro diretto, sono tutti aspetti che influiranno positivamente sul tuo *rating*. Ricordi quanto detto nel capitolo precedente circa la componente qualitativa del giudizio finale sulla tua azienda?

SEGRETO n. 7: invita i tuoi gestori in azienda e dimostra loro l'attaccamento che provi verso i tuoi prodotti o i tuoi servizi. Inoltre, trasmetti alla tua banca informazioni di carattere qualitativo, per raccontarle ogni aspetto del tuo progetto.

Inoltre, se il rapporto con la tua banca coinvolge più persone, devi pianificarlo. A questo riguardo, è importante tenere presente che la comunicazione tra impresa e banche si realizza attraverso tre livelli:

1. **operativo**: è quello in cui impresa e banca dialogano, anche quotidianamente, dell'operatività. L'impresa, a questo livello, si informa sull'arrivo di bonifici, sui pagamenti, sulle operazioni di anticipo e sconto ecc.;

2. **programmatico**: è quello in cui impresa e banca discutono della struttura dei finanziamenti, del *rating*, dei costi, del rinnovo degli affidamenti ecc.;

3. **strategico-relazionale**: è quello in cui sono presentati i risultati per il riesame dei fidi o si discute di un nuovo finanziamento importante.

Fatta questa premessa, tieni conto che le figure che entrano in gioco a ciascun livello sono differenti:

1. la figura protagonista a livello operativo è l'impiegato (o l'impiegata) amministrativo;

2. a livello programmatico, la responsabilità del rapporto è in capo al tuo responsabile amministrativo (o alla tua responsabile amministrativa);

3. la comunicazione relazionale è competenza specifica del titolare dell'impresa.

Se, in aziende piccole e poco strutturate, le dinamiche operativa e programmatica sono gestite dalla stessa figura, fa' attenzione che il titolare non segua l'operatività quotidiana: si tratta di una condotta che non è molto apprezzata dalle banche, che leggono questo comportamento come manifestazione d'incapacità di delegare o come scarsa fiducia nei confronti di chi, in azienda, "tiene i conti". In un caso o nell'altro, l'immagine data alla banca è fosca.

SEGRETO n. 8: pianifica il rapporto e la comunicazione con la tua banca, distinguendo tra il livello operativo, quello programmatico e quello strategico-relazionale.

A questo punto, vorrei richiamare la tua attenzione sull'importanza dei piani finanziari. Molto spesso la banca ha bisogno di conoscere il futuro del suo cliente, per ridurre il margine di incertezza delle valutazioni. Anche in questo senso, poni attenzione al fatto che preparare piani economico-finanziari (almeno triennali) è buona abitudine e prassi di gestione aziendale. Diversamente, tu stesso navigheresti a vista. Il controllo dei tuoi numeri, in altre parole, è necessario per la realizzazione di qualunque strategia, anche la migliore.

Nel preparare i tuoi piani finanziari, e nel presentarli alla banca, ispirati a questi due principi:

1. ragionevolezza e motivazione: ricorri sempre al sacro atteggiamento della prudenza, che prevede una sovrastima dei costi e una sottostima dei ricavi; inoltre, la logica sottesa a ogni numero significativo deve essere spiegata e commentata;
2. presentazione di "piani B": fa' in modo che sia dimostrata l'elaborazione di un piano di riserva, da mettere in campo se alcuni degli assunti che avevano ispirato quello principale dovessero venire meno.

SEGRETO n. 9: cura la preparazione di piani finanziari almeno triennali, ispirati al principio della ragionevolezza e della prudenza.

Vorrei, infine, condividere con te un altro suggerimento: ricorda che le banche non sono tutte uguali e che il fatto che tu abbia sempre lavorato con un dato istituto non significa che debba farlo fino al pensionamento.

Ma come scegliere la banca giusta? Rispondere a questa domanda è, chiaramente, molto difficile. Sono tantissime le variabili che entrano in gioco a riguardo e dare una risposta che valga per tutti sarebbe azzardato e incosciente.

Quello che posso dirti, in ogni caso, è che l'esperienza professionale mi ha portato ad essere sempre più diffidente verso i grandi istituti: pur tacendo sugli scandali che, di tanto in tanto, colpiscono qualche banca e portano i suoi dirigenti agli altari della cronaca nera (e in alcuni casi anche in carcere), va comunque detto che i bilanci delle grandi banche sono sempre più spesso contagiati da prodotti finanziari strutturati che, per loro natura, inficiano con grande facilità la loro solidità patrimoniale.

Occorre, però, anche fare attenzione ai piccoli istituti, che non raramente prestano i propri *surplus* di tesoreria alle "sorelle maggiori", ritrovandosi così a essere vincolati in vortici perversi.

Peraltro, com'è vero che la tua banca ti passa ai raggi X almeno una volta l'anno analizzando il tuo bilancio, è altrettanto vero che anche tu hai la possibilità di scoprire qualcosa su di lei e sulla solidità del suo patrimonio.

Ad esempio: conosci il *core tier* 1 (CT1) di ciascuna delle banche con cui hai rapporti? Il CT1 è il rapporto tra i capitali propri e il totale dei prestiti, ponderati per il rischio. Secondo la Banca d'Italia, la sufficienza patrimoniale di un istituto di credito si realizza se il CT1 è almeno superiore o uguale al 6 per cento. Più stringenti sono i parametri fissati dall'Autorità Bancaria Europea, che ha fissato questa soglia al 9 per cento e che ha già previsto di alzarla all'11,4 per cento dal 2014.

Ancora: che ricorso alle cartolarizzazioni ha fatto la tua banca? Considerato che non è questa la sede opportuna per entrare nel dettaglio di tali operazioni, mi limito a ricordarti che per cartolarizzazione si intende un'operazione finanziaria attraverso la quale attività o beni di un soggetto (definito, tecnicamente, *originator*) sono ceduti a terzi tramite l'emissione e il collocamento di titoli obbligazionari.

Ecco: fa' attenzione, perché spesso le cartolizzazioni si trasformano in un boomerang finanziario e patrimoniale e, in ogni caso, sono indice di politiche di credito piuttosto "libertine".

Infine: cerca di scoprire quanto la tua banca è esposta verso il settore immobiliare, cioè qual è – in altre parole – il rapporto tra le erogazioni all'edilizia rispetto al totale degli impieghi. Quello del "mattone" è ancora oggi il settore che forse più di altri sta risentendo della crisi e una banca molto esposta verso l'edilizia avrà maggiori difficoltà a concedere ulteriori prestiti e finanziamenti, se non a fronte di tassi d'interesse piuttosto elevati, applicati per ridurre il peso delle perdite subite.

SEGRETO n. 10: passa la tua banca ai raggi X. Informati sul suo *core tier* 1, sul suo ricorso alle cartolarizzazioni e sulla sua esposizione verso il settore edilizio.

RIEPILOGO DEL CAPITOLO 2:

- SEGRETO n. 6: Cura i contenuti qualitativi della nota integrativa al tuo bilancio d'esercizio. Renderai più agevole la sua analisi e fornirai informazioni utili per il miglioramento del tuo *rating*.

- SEGRETO n. 7: Invita i tuoi gestori in azienda e dimostra loro l'attaccamento che provi verso i tuoi prodotti o i tuoi servizi. Inoltre, trasmetti alla tua banca informazioni di carattere qualitativo, per raccontarle ogni aspetto del tuo progetto.

- SEGRETO n. 8: Pianifica il rapporto e la comunicazione con la tua banca, distinguendo tra il livello operativo, quello programmatico e quello strategico-relazionale.

- SEGRETO n. 9: Cura la preparazione di piani finanziari almeno triennali, ispirati al principio della ragionevolezza e della prudenza.

- SEGRETO n. 10: Passa la tua banca ai raggi X. Informati sul suo *core tier* 1, sul suo ricorso alle cartolarizzazioni e sulla sua esposizione verso il settore edilizio.

CAPITOLO 3:

Come aumentare gli affidamenti

Mi capita spesso di assistere a rapporti tra impresa e banche all'interno dei quali la prima si comporta come "succube" delle seconde.

Dal punto di vista strategico, si tratta di un approccio sbagliato, perché la disponibilità di finanza bancaria deve essere curata con la stessa importanza riservata ai fornitori strategici, avendo cura di tenere presente che la banca si comporta in maniera diversa rispetto ai normali fornitori: ha le sue procedure, le sue dinamiche, i suoi tempi di risposta ecc.

Uno dei mali che affliggono le piccole e medie imprese è quello del multiaffidamento, cioè del ricorso a rapporti con più banche, ciascuna delle quali ha concesso al cliente l'apertura di una linea di credito, più o meno importante.

Il multiaffidamento è un fenomeno tipicamente italiano, frutto di una mentalità che punta alla frammentazione del rischio e, in questo senso, è da sempre favorito e spinto dalle stesse banche. Ne parleremo più dettagliatamente nel capitolo seguente. In ogni caso, se la tua azienda è multiaffidata, è necessario servirsi di un cruscotto di controllo.

Si tratta, per capirci, di adottare uno strumento che ti consenta di monitorate alcune variabili:

- la qualità e la quantità del credito;
- il giudizio di *rating* ricevuto da ciascuna banca;
- il costo del credito che ti è stato concesso;
- la qualità del rapporto tra la tua impresa e ogni singola banca.

Visto così può sembrare una cosa difficile, ma una semplice tabella di esempio mi aiuterà a spiegarmi meglio. Supponiamo che la tua impresa abbia ricevuto credito da tre istituti e operi sia nel mercato nazionale sia in quello estero. Potresti giungere a compilare un cruscotto fatto più o meno così:

Banca	Importo fidi	Spread medio	Rating	Servizi ITA	Servizi EXP	Gestore
A	◆◆◆◆	◆◆	◆◆	◆◆◆◆	◆◆◆◆	◆◆◆
B	◆◆	◆	◆◆	◆◆	◆◆	◆
C	◆	◆◆◆	◆	◆◆		◆◆◆

Se vedessi un cruscotto come quello di questo esempio, non potresti non giungere alle seguenti conclusioni:

- la banca A è sicuramente un fornitore strategico: il cliente ha ricevuto da essa molti affidamenti, che paga a un giusto prezzo in virtù di un *rating* medio; è elevata la qualità dei servizi offerti (sia nazionali sia esteri) e buono è il rapporto con il gestore e il resto del personale dell'agenzia;

- la banca B deve essere sostituita con la banca A: è vero che i modesti importi affidati hanno uno *spread* molto basso, ma la qualità dei servizi e dei rapporti è mediocre;

- il rapporto con la banca C deve essere cessato: ha concesso pochissimi affidamenti, a prezzo piuttosto elevato; ha attribuito un *rating* basso; è utilizzata solo per i servizi nazionali, nei quali non pare comunque spiccare per affidabilità.

Proviamo a fare un altro esempio.

Questa volta ipotizziamo che la tua impresa lavori con cinque istituti diversi ed esclusivamente sul mercato nazionale. Inoltre, supponiamo di voler considerare, quali variabili significative, la qualità del rapporto sia col direttore della filiale sia col gestore.

Potremmo giungere, in questo caso, a un cruscotto del genere:

Banca	Importo fidi	Spread medio	Rating	Rapporti Direttore	Qualità Servizi	Qualità Gestore
A	◆◆◆◆	3,90%	◆	◆◆◆◆	◆◆◆	◆◆◆
B	◆◆◆	5,20%	Inc	◆	◆◆◆◆	◆◆
C	◆◆	5,90%	Rio	◆◆	◆◆◆	◆◆◆
D	◆◆	3,35%	◆◆	◆◆	◆◆◆◆	◆◆
E	◆	4,70%	◆◆◆	◆◆◆	◆◆◆	◆◆◆

Dove:

- "Inc" sta per "Incaglio" che in gergo bancario identifica un rapporto in temporanea difficoltà (ritardo nel pagamento delle rate di un finanziamento, ritardo nel rientro su uno sconfinamento di conto corrente ecc.);

- "Rio" sta per "Rischio in osservazione", cioè situazioni di rischio non grave, che sono gestite dalla banca secondo procedure *ad hoc*.

In una situazione come quella sintetizzata in questo cruscotto, i suggerimenti non potrebbero che essere i seguenti.

1. la banca A deve essere considerata un fornitore strategico;
2. nelle banche B e C sono intrattenuti rapporti "difficili" che vanno gestiti per prevenire peggioramenti;
3. il rapporto con la banca D va mantenuto così com'è;
4. occorre valutare la possibilità di incrementare gli affidamenti concessi dalla banca E.

Posso garantirti che sono tantissime le considerazioni che ti verranno in mente dopo aver elaborato questo cruscotto. È un esercizio che richiede pochissimo tempo ma che può portare incredibili benefici.

Il cruscotto è, di fatto, un piano d'azione strategica che potrai mettere in pratica nei mesi successivi alla sua elaborazione.

Fa', però, attenzione: perché il cruscotto "funzioni" davvero, devi tenerlo aggiornato, revisionandolo almeno un paio di volte l'anno.

SEGRETO n. 11: per gestire in maniera oculata ed efficace il multiaffidamento è necessario dotarsi di un cruscotto di controllo che tenga monitorati, per ciascuna banca con cui si hanno rapporti, qualità e quantità dei servizi.

Un altro aspetto fondamentale per garantirti una gestione oculata del multiaffidamento è costituito dalla scadenza dei fidi accordati. Devi prepararti per tempo, per essere pronto a fornire al tuo gestore tutte le informazioni che potranno aiutarlo nell'istruire la pratica per la richiesta di rinnovo.

Ricorda sempre che i tempi di risposta della banca non hanno niente a che fare con i tempi commerciali che sperimenti ogni giorno nella tua attività: sei tu, quindi, che devi giocare in anticipo.

SEGRETO n. 12: monitora la scadenza dei fidi accordati. I tempi di risposta della banca sono piuttosto lunghi e devi

quindi giocare in anticipo.

Proprio parlando del fattore temporale, ricorda che, salvo situazioni particolari, una richiesta di credito "importante" (ed è considerata "importante" quella di una certa entità o che costituisce la prima presentata dal cliente) può richiedere fino a 90 giorni per essere approvata.

Da questa considerazione, quali consigli derivano? Direi almeno due:

1. evita che i tempi di erogazione del credito siano troppo lenti rispetto alle tue esigenze finanziarie e alle tue scadenze commerciali. In sostanza: muoviti con ampio anticipo;

2. elabora dei "piani di sicurezza" per valutare l'effetto che produrrebbe sulla tua posizione finanziaria il verificarsi di un evento:

   a. negativo, come un incremento nel ritardo dei pagamenti da parte dei tuoi clienti o la revoca di un affidamento già concessoti;

   b. positivo, come un aumento degli ordini ricevuti e dunque del fatturato.

L'esperienza mi ha insegnato che questo lavoro non è mai tempo sprecato: fino a quando non ti siederai a tavolino a mettere giù dei numeri non avrai piena consapevolezza del tuo reale fabbisogno finanziario in situazioni di choc, positivo o negativo.

SEGRETO n. 13: considera che la banca risponderà alle tue richieste "importanti" solo dopo un certo periodo di tempo, probabilmente più lungo rispetto a quello che ti aspetti. Anche per questo, elabora un "piano di sicurezza" che simuli le tue esigenze finanziarie al verificarsi di eventi negativi o positivi.

L'ultimo consiglio è relativo all'importanza di avere un cuscinetto di liquidità, una "bombola d'ossigeno finanziario" per la tua azienda.

Se è vero che, in tempi di crisi, realizzare questo obiettivo può sembrare un compito assai difficile, è altrettanto vero che, proprio in momenti di crisi, avere un "tesoretto" da utilizzare in caso di emergenza può diventare una fondamentale ancora di salvezza, in alcuni casi l'unica cui l'azienda può affidarsi.

SEGRETO n. 14: anche se può sembrarti difficile, sforzati di creare un cuscinetto di liquidità per la tua azienda. In alcuni casi, una riserva di fondi può essere l'unica soluzione.

Come avrai intuito, la gestione oculata degli affidamenti comporta la necessità di avvalersi di strumenti più o meno evoluti di controllo di gestione.

L'analisi dei dati rilevati da questo sistema potrebbe portarti a evidenziare una o più di queste circostanze:

- un calo di fatturato;
- una progressiva dilatazione dei tempi di incasso;
- una progressiva riduzione della marginalità;
- un crescente sbilanciamento sui debiti;
- un incremento dei debiti dovuti all'Erario o agli Istituti previdenziali e assicurativi (INPS, INAIL);
- l'aumento del valore del magazzino.

L'invito è a non trascurare, né a giustificare in alcuna maniera, questi rilievi, perché sono i primi sintomi di una crisi d'impresa, un vero e proprio virus che, se trascurato e non affrontato con tempestività, può avere effetti terribilmente dannosi.

Se ti trovassi a dover gestire una crisi, ricordati anzitutto che la banca non è il tuo nemico giurato. Lamentarti del fatto che le banche hanno "chiuso i rubinetti" e ti hanno messo, in senso figurato, in ginocchio non ti aiuterà a rialzarti.

Ricordati che, col passaggio da *in bonis* a incaglio o a sofferenza, la banca deve incrementare il proprio fondo rischi, deprimendo così il proprio utile. E ricorda anche che nei concordati (e nei fallimenti) esse ottengono oggi un recupero modesto dei propri crediti, anche di quelli garantiti. Stime recenti parlano di una percentuale di soddisfazione, per loro, inferiore al 30 per cento.

Questo per raccomandarti di parlare con la tua banca (o con le tue banche) al verificarsi di situazioni di difficoltà. Non farlo troppo presto, cioè quando ancora non hai ben chiara la situazione. Ma non farlo neanche troppo tardi, quando la partita non è più salvabile.

Il secondo consiglio per gestire bene il rapporto con le banche in situazioni di crisi d'impresa è di individuare tempestivamente gli istituti di credito "chiave". Si intendono tali quelli in cui sei maggiormente esposto: essi devono avere un ruolo da protagonista nella risoluzione della crisi. Fa' comunque attenzione che le altre non "scappino" via, perché questa circostanza determinerebbe il rischio di danneggiare l'intero piano.

In questa comunicazione:

- sii chiaro e trasparente;
- dimostra capacità di cambiamento, rendendoti disponibile anche ad avvicendamenti nella leadership aziendale che, in ogni caso, non può non ritenersi almeno in parte responsabile della situazione di criticità;
- poni enorme attenzione alle strategie necessarie per migliorare il tuo *rating* creditizio.

SEGRETO n. 15: alcuni eventi sono sintomo di una situazione di crisi. Non trascurarli. Se sei in difficoltà, gioca la partita considerando le banche con cui sei maggiormente esposto come tue compagne di squadra, non come tue avversarie.

RIEPILOGO DEL CAPITOLO 3:

- SEGRETO n. 11: Per gestire in maniera oculata ed efficace il multiaffidamento è necessario dotarsi di un cruscotto di controllo che tenga monitorati, per ciascuna banca con cui si hanno rapporti, qualità e quantità dei servizi.

- SEGRETO n. 12: Monitora la scadenza dei fidi accordati. I tempi di risposta della banca sono piuttosto lunghi e devi quindi giocare in anticipo.

- SEGRETO n. 13: Considera che la banca risponderà alle tue richieste "importanti" solo dopo un certo periodo di tempo, probabilmente più lungo rispetto a quello che ti aspetti. Anche per questo, elabora un "piano di sicurezza" che simuli le tue esigenze finanziarie al verificarsi di eventi negativi o positivi.

- SEGRETO n. 14: Anche se può sembrarti difficile, sforzati di creare un cuscinetto di liquidità per la tua azienda. In alcuni casi, una riserva di fondi può essere l'unica soluzione.

- SEGRETO n. 15: Alcuni eventi sono sintomo di una situazione di crisi. Non trascurarli. Se sei in difficoltà, gioca la partita considerando le banche con cui sei maggiormente esposto come tue compagne di squadra, non come tue avversarie.

CAPITOLO 4:

Come scegliere tra i finanziamenti bancari

L'offerta dei finanziamenti bancari è particolarmente ampia: sono molti infatti gli strumenti che, almeno in astratto, il sistema del credito mette a disposizione dei propri clienti.

Se va ricordato che prodotti finanziari diversi sono utilizzati per soddisfare bisogni differenti, va anche rilevato che sono almeno tre gli errori che si riscontrano nella politica di finanziamento delle imprese.

Il primo errore è costituito da un eccessivo peso del credito bancario rispetto al capitale proprio. È quello che i tecnici chiamano "sottocapitalizzazione". Per anni, infatti, la facilità di accesso al credito ha consentito alle aziende di operare con una grande quantità di capitali di terzi e con modeste quantità di capitali propri, cioè dell'imprenditore o dei soci. Questa circostanza ha via via deteriorato la solidità dei bilanci, scotto che oggi – in tempo di *credit crunch* – tanti imprenditori, senza preavviso, sono costretti a pagare.

Il secondo errore è dato dall'eccessiva spinta sui finanziamenti a breve termine che, per lungo tempo, sono stati di facile accesso. In molti casi, il continuo rinnovo degli affidamenti a breve termine ha favorito l'utilizzo, da parte delle imprese, di quelle disponibilità anche per finanziare operazioni a lungo termine. Il ragionamento era, ad esempio: «Ho un fido molto ampio, che mi è sempre rinnovato e che, di anno in anno, cresce di valore. Perché non utilizzare questa somma per finanziare un nuovo macchinario senza dover fare nuove pratiche di affidamento? I soldi ce li ho».

La portata dell'errore si è apprezzata solo quando i finanziamenti a breve sono diventati più difficili da ottenere e da mantenere e tante aziende si sono ritrovate con bilanci squilibrati sotto il profilo finanziario.

Il terzo e ultimo errore è dato dal ricorso al già visto multiaffidamento: quasi la totalità delle imprese, infatti, ha ancora oggi rapporti con almeno tre istituti bancari, nella convinzione che questo determini una sorta di diversificazione del rischio di credito. Si tratta, come indicato, di un'anomalia tutta italiana: nella maggior parte degli altri Paesi e negli Stati Uniti, il multiaffidamento non esiste e ogni impresa opera con non più di due diverse banche. L'errore deriva dal fatto che, in presenza di rapporti con diversi istituti, ciascuno di questi ha una modesta conoscenza dell'impresa e il potere contrattuale di quest'ultima con ciascuna banca si riduce.

SEGRETO n. 16: nella politica di finanziamento delle imprese si sono, per lungo tempo, commessi tre errori: un ricorso al credito bancario eccessivo rispetto al capitale proprio, un ricorso eccessivo ai finanziamenti a breve termine, il multiaffidamento.

Come si vede, gli errori vanno ascritti:

- da un lato, ad alcune scelte disattente da parte del mondo dell'impresa;
- dall'altro, a politiche commerciali niente affatto lungimiranti da parte del sistema bancario.

Gli errori di ieri si pagano nei bilanci di oggi i quali, viziati da una o più di queste anomalie, ricevono *rating* bassi rendendo difficile l'accesso al credito a costi contenuti. Trattandosi di una situazione generatasi nel corso degli anni, non è possibile risolverla dall'oggi al domani. Quello che è possibile fare, invece, è prendere coscienza degli aspetti specifici di ogni fonte di finanziamento, per evitare di reiterare gli errori del passato e, nel tempo, di migliorare gli assetti patrimoniali e finanziari dei bilanci.

Gli strumenti che è corretto utilizzare per finanziare il normale ciclo delle vendite e degli acquisti sono quattro:
1. l'anticipo fatture;
2. lo sconto di ricevute bancarie;
3. il *factoring*;
4. l'anticipo sui contratti.

L'anticipo fatture è considerato un rischio modesto, perché coperto da incassi futuri che si considerano praticamente certi. I tecnici lo definiscono come "autoliquidante". Di norma, l'incertezza sull'effettivo incasso della fattura anticipata è coperta, da parte della banca, attraverso un anticipo pari all'80% dell'importo della fattura.

Lo sconto di ricevute bancarie (Ri.Ba.) è un altro strumento cui si fa, da sempre, ampio ricorso. Sebbene le Ri.Ba. non siano un titolo di credito, il loro sconto è un'operazione appetibile per le banche in virtù del sistema di segnalazione interbancario, cioè di quella struttura tecnologica che consente a tutti gli istituti di credito di conoscere la reputazione tanto del debitore quanto del creditore. Ove questa reputazione fosse modesta o compromessa, lo sconto di Ri.Ba. potrebbe, per questo, diventare costoso e pericoloso.

Il *factoring*, ancora, è un contratto mutuato dal diritto inglese, attraverso il quale un soggetto (cedente) cede a un altro (*factor*) crediti attuali o futuri. Il *factor* offre al cedente una serie di servizi (che vanno dalla contabilizzazione dei crediti ceduti alla loro gestione e al loro incasso), a fronte di una commissione che egli gli riconosce.

Il *factoring* può assumere due forme tecniche:

1. "pro soluto", se il *factor* si assume il rischio di insolvenza dei crediti ceduti. In questo caso, il pacchetto di crediti ceduti non intacca il *plafond* del cedente;
2. "pro solvendo", se il rischio di insolvenza resta in capo al cedente.

Va ricordato, comunque, che le linee di *factoring* si aggiungono a quelle derivanti dai finanziamenti bancari ordinari, sebbene siano anch'esse registrate in Centrale dei Rischi.

Infine, l'anticipo su contratti è lo strumento di finanziamento cui si può ricorrere in presenza di contratti commerciali che prevedano pagamenti ripetuti. È il caso di contratti di appalto per la pulizia di stabilimenti e uffici, oppure di assistenza su prodotti tecnologici e così via.

Per esperienza, l'anticipo su contratti è un prodotto che le banche concedono ai propri clienti con scarso interesse (perché il contratto che preveda pagamenti ripetuti può sempre essere rescisso). Ove concesso, è per questo opportuno che il fornitore stipuli polizze assicurative a copertura del rischio di mancato pagamento.

SEGRETO n. 17: sono quattro gli strumenti di finanziamento adatti a finanziare il ciclo incassi/pagamenti: l'anticipo fatture, lo sconto Ri.Ba., il *factoring* e l'anticipo contratti.

Per quanto riguarda le immobilizzazioni, queste per lungo tempo sono state finanziate con un "finto" capitale proprio, cioè nato da un eccessivo ricorso al debito bancario a breve termine. Si tratta di una grave anomalia, perché è normale che l'acquisto di aree ed edifici industriali sia coperto, per il 60/70 per cento, da finanziamenti ipotecari o da leasing immobiliari. Gli investimenti tecnici, invece, si realizzano in quota parte con leasing strumentali o con finanziamenti chirografari. La differenza deve essere coperta da capitale proprio.

Per ottenere con maggiore facilità un finanziamento per investimenti tecnici, è necessario presentare alla banca un prospetto che sintetizzi i costi totali del finanziamento e i ricavi nei costi di produzione. Anche in questo caso, un esempio aiuterà a comprendere meglio il consiglio.

Ipotizziamo l'acquisto di un macchinario destinato alla produzione, finanziato per quota parte attraverso un mutuo. Esso determinerà un costo di acquisto e l'insorgenza di oneri finanziari annuali derivanti dalla concessione di credito e delle spese di manutenzione. Al tempo stesso, si ipotizza che lo strumento consentirà di ottenere nuovi ricavi e di abbattere alcuni costi. Il prospetto che segue – puramente indicativo – evidenzia la possibilità di ripagare l'immobilizzazione in cinque anni:

	2013	2014	2015	2016	2017
Costo	150,0	-	-	-	-
Manutenzione	-	6,0	7,0	8,0	10,0
Oneri finanziari	4,8	8,4	6,6	4,8	1,8
Totale costi	**154,8**	**14,4**	**13,6**	**12,8**	**11,8**
Maggiori ricavi	10,0	30,0	30,0	50,0	50,0
Minori costi	7,0	15,0	15,0	15,0	15,0
Totale benefici	**17,0**	**45,0**	**45,0**	**65,0**	**65,0**
Flussi di cassa	*-137,8*	*30,6*	*31,4*	*52,2*	*53,2*
Flussi cumulati	*-137,8*	*-107,2*	*-75,8*	*-23,6*	*29,6*

SEGRETO n. 18: l'acquisto di aree ed edifici industriali va

coperto per almeno il 60 per cento con finanziamenti ipotecari o leasing immobiliari. Gli investimenti tecnici vanno coperti in quota parte con leasing strumentali o con finanziamenti chirografari.

Si è accennato sopra al problema della scarsità del patrimonio netto, o "sottocapitalizzazione". Questa situazione è rilevata con sempre maggiore frequenza dall'analisi di bilancio o in relazione al giro d'affari o in rapporto ai debiti contratti. Al verificarsi di un problema di "sottocapitalizzazione", le strategie che si possono mettere in campo sono fondamentalmente tre:

1. l'iniezione di capitali freschi da parte della compagine sociale;
2. la trasformazione in capitale dei profitti non distribuiti in sede di approvazione del bilancio;
3. l'accesso a finanziamenti specifici.

Le prime due strade sono quelle più facili da comprendere ma spesso più difficili da praticare. Soffermiamoci, quindi, sulla terza.

Nel portafoglio di prodotti finanziari offerti dalle banche, trovano spesso posto anche i cosiddetti "prestiti partecipativi", che hanno appunto lo scopo di finanziare la ricapitalizzazione dell'impresa cliente.

Tecnicamente:

1. l'assemblea delibera un aumento di capitale;
2. la banca delibera un finanziamento (che copra per intero l'aumento deliberato dalla società cliente);
3. l'impresa si impegna a rispettare alcune condizioni economico-patrimoniali (di norma, si va dalla copertura di eventuali perdite al divieto di riduzione del capitale sociale).

In alcuni casi, la banca può richiedere che i soci rilascino fidejussioni personali a garanzia del buon fine dell'operazione.

Si tratta di una possibilità molto interessante perché:

1. l'impresa può ottenere fondi necessari a finanziare le proprie iniziative, nonostante la scarsa disponibilità di liquidità da parte dei soci;
2. i soci possono impedire l'apertura della compagine sociale a soggetti terzi;

3. la banca ha una garanzia di rimborso del capitale prestato, in virtù dell'impegno dei soci a patrimonializzare l'azienda, ottenendo anche una congrua remunerazione del capitale prestato;

4. l'impresa gode del beneficio fiscale previsto dal decreto legge n. 201/2011 ("Aiuto alla crescita"), che si rende concreto con la riduzione del reddito complessivo dell'importo derivante dall'incremento del patrimonio.

SEGRETO n. 19: per risolvere il problema della sottocapitalizzazione è possibile ricorrere ai prestiti partecipativi.

RIEPILOGO DEL CAPITOLO 4:

- SEGRETO n. 16: Nella politica di finanziamento delle imprese si sono, per lungo tempo, commessi tre errori: un ricorso al credito bancario eccessivo rispetto al capitale proprio, un ricorso eccessivo ai finanziamenti a breve termine, il multiaffidamento.

- SEGRETO n. 17: Sono quattro gli strumenti di finanziamento adatti a finanziare il ciclo incassi/pagamenti: l'anticipo fatture, lo sconto Ri.Ba., il *factoring* e l'anticipo contratti.

- SEGRETO n. 18: L'acquisto di aree ed edifici industriali va coperto per almeno il 60 per cento con finanziamenti ipotecari o leasing immobiliari. Gli investimenti tecnici vanno coperti in quota parte con leasing strumentali o con finanziamenti chirografari.

- SEGRETO n. 19: Per risolvere il problema della sottocapitalizzazione è possibile ricorrere ai prestiti partecipativi.

Conclusione

Probabilmente starai pensando: «Ma com'è diventato difficile gestire il rapporto con le banche!» oppure: «Ma non dovrebbero essere le banche ad aiutare me? Perché devo sforzarmi per far sì che mi aiutino?»

Tutto sommato hai ragione. Devo dirti, però, che se la situazione oggi è difficile, domani non sarà più serena.

Secondo Stefano Gatti, che insegna Economia degli intermediari finanziari all'Università "Bocconi" di Milano e dirige il corso di laurea in Economia e finanza, nel prossimo futuro:

1. l'ammontare del credito concesso alle piccole e medie imprese non sarà incrementato;

2. le banche sosterranno sempre più frequentemente e con sempre maggiore convinzione che, a causa di incagli, di sofferenze e di Basilea, hanno grandi difficoltà a concedere nuovi affidamenti;

3. è legittimo aspettarsi un incremento dei tassi d'interesse.

Pare, questo, un vero e proprio "scenario di guerra", lo comprendo. E comprendo anche che buona parte dei consigli riportati in questo corso possono essere di facile applicazione solo in tempi di pace.

Tuttavia, da subito, è necessario che la tua impresa realizzi un rapporto più realistico, più veritiero e più lungimirante con ciascuna banca con la quale intrattiene rapporti. Solo così sarà possibile conoscersi meglio, rispettarsi e aiutarsi davvero.

Sforzandoti di ridurre la tua dipendenza dal debito bancario e, al contempo, ponendo attenzione alla pianificazione finanziaria, potrai realmente cambiare questo rapporto che oggi è difficile da gestire. Cambia te stesso, non aspettare che sia la banca a cambiare.

Aiutare la banca a fare meglio il proprio mestiere, sia nella vendita di prodotti finanziari sia nella valutazione del merito creditizio, è un percorso che oggi, magari a denti stretti, devi fare per uscire più forte (e più consapevole) dalla crisi.

www.ingramcontent.com/pod-product-compliance
Lightning Source LLC
Chambersburg PA
CBHW071610200326

41519CB00021BB/6944